La Propriété en France

1836

LÉON FAUCHER

TABLE DES MATIÈRES

LA PROPRIÉTÉ EN FRANCE

Rien ne prouve mieux à quel point la France diffère de la Grande-Bretagne, par ses tendances sociales, que le mouvement et l'état de la propriété dans les deux pays. Ici l'on rencontre la plus extrême concentration, et là le plus extrême morcellement. D'un côté de la Manche, le sol, possédé par un petit nombre de propriétaires et exploité par un petit nombre de fermiers, est, pour ainsi dire, en dehors du domaine commun ; de l'autre côté règne la loi agraire, chacun a sa part de cette propriété déchirée en lambeaux. Il semble que la Providence ait voulu donner l'Angleterre et la France en exemple, celle-ci de l'égalité poussée jusqu'à ses dernières conséquences, celle-là des excès et des abus de l'inégalité.

Dans le royaume uni comme sur le continent, la grande propriété est d'origine féodale. Ce fut la conquête qui, réunissant les terres en fiefs, en forma de vastes héritages immobilisés dans les familles par la loi. Mais partout ailleurs, et à mesure que la loi est devenue plus démocratique, la propriété, se divisant, est tombée par degrés dans les mains innombrables de la bourgeoisie. En Angleterre, le sol n'a pas changé de maîtres pendant que la liberté s'étendait ; et cela se conçoit, la concentration de la propriété étant favorisée par les mœurs autant que par les institutions.

Par l'effet du caractère national et des circonstances qui ont servi à le développer, la richesse, dans cette contrée industrieuse, tend naturellement à s'agglomérer et à s'accumuler. Ce sont des rayons qui cherchent un centre pour agir de là avec plus de puissance sur le monde extérieur. Toute récente qu'elle est, la propriété industrielle ne paraît pas moins colossale que la propriété foncière dans ses proportions. Les capitaux se concentrent comme les terres, et en vertu des mêmes mœurs. Tel manufacturier de Manchester produit chaque année une quantité de toiles peintes qui égale la production de tous les ateliers de Mulhausen. Tel marchand de nouveautés, à Londres ou à Glasgow, opère sur un mouvement annuel d'un million de livres sterling. Une brasserie comme celle de Whitbread, desservie par un régiment de chevaux et par une armée d'ouvriers, livre chaque année trois cents mille barriques de porter à la consommation. Pendant que le fer qui se consomme en France sort de trois à quatre cents usines, les trente à quarante forges de Birmingham fournissent aux demandes de l'Europe et des États-Unis. Enfin, les grands établissemens sont tellement dans les habitudes anglaises, qu'une société de particuliers comme la compagnie des Indes peut posséder en fief ou tenir à bail des contrées d'une immense étendue, et régner sur cent millions d'hommes sans faire ombrage au gouvernement.

Toutes les révolutions de l'Angleterre, politiques, religieuses, industrielles, ont tourné à l'avantage de la grande propriété. Constituée par la conquête, à la fin du XIe siècle, et formée des dépouilles du peuple conquis, elle s'accrut, au XVIe, par la spoliation des biens du clergé, et au commencement du XVIIIe par le partage des biens communaux. La révolution de 1688, en plaçant la souveraineté dans le parlement, en investit par le fait l'aristocratie ; en même temps la valeur des terres était augmentée par les progrès de l'industrie : la richesse et le pouvoir passaient dans les mêmes mains.

La substitution de la grande à la petite culture fut comme une nouvelle et dernière concentration de la propriété. Après les propriétaires, les fermiers se formèrent en aristocratie. Les petites fermes disparurent du sol, les terres à blé furent converties en pâturages ; les familles qui les avaient cultivées, d'abord avec pleine possession, plus tard en vertu d'un bail à peu près héréditaire, se virent réduites à la condition précaire des journaliers. Semblables aux prolétaires de l'ancienne Rome, il fallut ou les nourrir par la taxe des pauvres, ou leur donner un monde à conquérir, le monde du commerce et de l'industrie.

La France, au contraire, a toujours été un pays de petite culture, même lorsque la terre s'y trouvait distribuée en grands domaines, et que chaque village avait son seigneur. Mais bien avant la révolution de 1789 la propriété allait se morcelant ; l'aristocratie perdait ou dissipait ses richesses à mesure qu'on la dépouillait de l'autorité. Les lois, marquées encore de l'empreinte féodale, luttèrent en vain contre la tendance égalitaire des mœurs, et des esprits. Arthur Young, voyageant en France quelques années avant la chute de l'ancien ordre de choses, remarquait déjà et déplorait, du point de vue d'un esprit anglais, la division des propriétés comme un excitant trop énergique à l'accroissement de la population.

« Si l'on veut voir, disait-il, un district où la misère soit aussi rare que le comportait l'ancien gouvernement de la France, il faut sans doute se transporter dans les lieux où il n'y a point de petits propriétaires. Il faut visiter les grandes fermes de la Beauce, de la Picardie, d'une partie de la Normandie et de l'Artois. Là on trouvera une population telle qu'elle n'outrepasse pas le nombre qui peut être régulièrement employé et salarié. Si même, dans ces districts, on venait à rencontrer un lieu où règne une excessive misère, il y a vingt à parier contre un que ce sera une paroisse en possession de quelques communaux qui séduisent le pauvre en l'engageant à élever du bétail, à devenir propriétaire, et par conséquent misérable. »

Depuis le voyage d'Arthur Young, la population de la France, qu'il jugeait exubérante, s'est accrue de 8 ou 9,000,000 d'hommes, et les moyens de subsistance se sont multipliés plus rapidement encore que la population. La révolution de 1789 a fait précisément ce que redoutait l'illustre agronome ; et pourtant, en rendant le peuple propriétaire, elle ne l'a pas rendu plus misérable. Il est aujourd'hui mieux nourri, mieux vêtu, mieux logé qu'il ne l'était il y a cinquante ans. Quelque jugement que l'on porte, sur les conséquences économiques de cette diffusion, il faut reconnaître encore qu'elle a contribué à élever la moralité de la nation ; car l'homme s'ennoblit en réalité par la possession du sol.

La période révolutionnaire n'a pas été autre chose que l'invasion, la conquête et le partage du territoire entre les conquérans. Le tiers-état a fait main basse sur les biens du clergé, de la noblesse ainsi que des corporations. Les propriétés frappées de main-morte ou grevées de substitutions sont rentrées dans le commerce, où elles ont versé un capital de plus de deux milliards de francs. Toutefois le morcellement, commencé en 1792 et 93, ne s'est accompli et n'est arrivé à son terme que quarante ans plus tard, sous la restauration. Quand on vendit les biens des émigrés, il parut suffisant de les diviser en quatre cent cinquante-deux mille lots, qui représentaient une valeur moyenne de 3,000 fr. chacun. Ces lots, depuis, sont tombés en poussière, et forment peut-être quatre ou cinq millions de parcelles maintenant.

Les dispositions du Code civil sur les testamens, dont on s'est fort exagéré les résultats, ont agi plutôt comme un obstacle à la concentration que comme un instrument de division. Le code consacre, il est vrai, l'égalité des partages, en réduisant la portion disponible au quart des biens de la succession, lorsque le testateur a des enfans ; mais ce partage égal a peu d'inconvéniens dans un pays où les classes qui possèdent pratiquent communément la contrainte morale recommandée par Malthus, et où les familles ne sont nombreuses que par exception.

Si le morcellement de la propriété en France était l'œuvre des institutions, il devait suffire d'imprimer à la loi une tendance contraire pour arrêter les progrès du démembrement. On l'a tenté vainement. Napoléon avait créé des majorats, Charles X rétablit les substitutions ; et tout cela fut balayé avant d'avoir laissé la moindre trace dans les mœurs de la nation.

La grande propriété a été reconstituée en partie par les largesses du pouvoir. Sous l'empire et au premier retour des Bourbons, les émigrés rentrèrent dans la possession de tous les biens mis sous séquestre qui n'avaient pas encore été aliénés. La loi de l'indemnité octroya plus tard aux propriétaires dépossédés, en réparation de leurs pertes, une libéralité de 800,000,000 fr. [1]. On leur prodigua les places, les faveurs, les pensions ; ils mirent la France à contribution pendant quinze ans, et de toutes ces dépouilles recomposèrent insensiblement les patrimoines que la tourmente révolutionnaire avait détruits.

Si la recomposition des grands domaines n'a pas balancé, malgré tant de circonstances favorables, le mouvement de décomposition, cela tient à des causes peu apparentes, mais réelles : à l'état de la richesse et de la culture intellectuelle, en un mot, de la société.

On ne saurait le dire trop haut ni trop souvent, la France actuelle est une société de récente formation, dont les forces et les facultés n'ont pris que de faibles développemens, qui n'a pas eu le temps d'amasser ni de mettre en réserve, et où toutes choses sont encore à l'état parcellaire : les lumières, les croyances, les capitaux et l'industrie. La division du sol n'est que le symbole exact de cette civilisation.

En Angleterre, les grandes propriétés trouvent sans peine des acheteurs, parce que les grandes fortunes n'y sont pas rares et que le nombre en va croissant [2]. L'on affiche journellement dans les feuilles publiques des terres à vendre de trois, quatre, cinq et six mille acres d'étendue. Veut-on diviser la vente on fait vingt ou trente lots d'un domaine de 1,500 acres, chacun desquels serait encore, de ce côté du détroit, une propriété de moyenne grandeur.

En France, les terres d'une certaine étendue n'ont pas de valeur vénale [3] ; pour les faire rentrer dans la circulation, il faut, de toute nécessité, les diviser et solliciter ainsi les petits capitaux à s'y porter. Le paysan est économe, il gagne de bonnes journées et vit de peu. Quand il n'enterre pas ses économies, comme les révolutions et les invasions l'ont rendu méfiant, il ne croit ni aux rentes sur l'état, car l'état a déjà fait banqueroute ; ni aux caisses d'épargne, car elles prêtent leurs fonds au trésor ; ni aux entreprises industrielles, qui sont sujettes aux chances de la mauvaise comme de la bonne gestion : il ne croit qu'à la terre, le seul fonds que l'étranger et le pouvoir ne puissent pas emporter à la semelle de leurs souliers. Dès qu'il a mis en réserve quelques écus, au lieu de s'en servir pour améliorer l'arpent qu'il possède, il achète et achète encore pour l'arrondir.

Cette passion bien connue des paysans pour la propriété Foncière a donné lieu à de sauvages, mais lucratives spéculations. Les premiers qui s'en avisèrent furent des artisans enrichis, à qui leur instinct plébéien, instinct de destruction et de nivellement tant qu'il n'est pas éclairé, révéla promptement cette source de profits. La première bande se composait de chaudronniers et de revendeurs de ferraille qui savaient le prix des débris ;

ils s'abattirent comme une volée de corbeaux sur les grands domaines et sur les vieux châteaux, achetant ces ruines à vil prix pour les débiter au poids de l'or. La terre fut disséquée par lots d'un ou de deux arpens, les châteaux furent démolis et les matériaux vendus, la pierre pour de la pierre, le bois pour du bois, le fer pour du fer. C'est ainsi que les derniers vestiges de l'art et du régime féodal disparurent de la France.

Aujourd'hui qu'il n'y a plus de châteaux à détruire, la spéculation se porte sur les moyennes propriétés ; elle les décompose partout où elle peut les atteindre, et les distribue. Les banquiers s'en sont mêlés après les chaudronniers ; puis sont venus les usuriers de campagne, les agens d'affaires, les notaires et les avoués. La spéculation ne s'arrête, depuis deux ans, que parce que les petites bourses, à force de saignées réitérées, se trouvent momentanément épuisées. Au reste, la tradition populaire a confondu tous les spéculateurs sous une dénomination commune, qui montre que l'on ne voit pas s'accomplir, sans une espèce : d'effroi superstitieux l'œuvre du morcellement ; le nom de bande noire leur est resté.

Dans certains départemens, partout où les cultivateurs s'enrichissent par l'industrie ou par l'émigration, les paysans vont d'eux-mêmes au-devant de la spéculation ; ils tentent les propriétaires, en offrant d'une parcelle deux ou trois fois ce qu'elle vaut. Par suite de cette concurrence, le prix des terres s'est élevé au point que la proportion du revenu au capital n'est plus, dans quelques localités, que d'un pour cent. Mais qu'importe aux petits cultivateurs que le loyer du capital diminue ? Il leur suffit que la terre récompense les sueurs du travail.

Pour citer un exemple, le département de la Creuse, coupé de vallées étroites, profondes et peu fertiles, semblait devoir être un pays de forêts, de pâturages, et, par conséquent, de grande culture. Les circonstances ont modifié cette destination naturelle du sol. Chaque année, 25,000 jeunes gens, le dixième de la population, quittent leurs foyers au printemps, et vont louer leurs bras à Paris, en qualité de maçons, de tailleurs de pierre ou de charpentiers ; ils reviennent vers les montagnes, au mois de décembre, rapportant, en moyenne, 200 fr. chacun, et, tous ensemble, 5,000,000 de francs. Cette somme est immédiatement appliquée à des acquisitions de terre ; et la multitude des acquéreurs est telle qu'un sol au moins médiocre, exposé, pour ainsi dire, à une perpétuelle enchère, augmente chaque année de valeur.

Dans les départemens où le commerce et l'industrie manufacturière sont en pleine prospérité, c'est la bourgeoisie des villes qui convertit ses épargnes en fonds de terre. Elle achète également à mesure qu'elle réalise les profits, c'est-à-dire, par petites sommes et par petits lots. Un marchand se croit riche quand il possède 15 à 20 arpens ; un paysan, s'il a péniblement acquis huit à dix lots de demi-arpent.

Lorsque ces propriétés se divisent par l'héritage, les compensations ne se font pas à prix d'argent, entre les enfans ; chacun réclame sa part de chaque lot : autant de pièces de terre, autant de partages ; ainsi le veut la loi d'égalité interprétée par ces égoïsmes ignorans.

Les mariages recomposent les fortunes, il est vrai, mais non les domaines. On vient de voir avec quelle facilité le morcellement s'opère ; ces parcelles, qui n'avaient pas une valeur échangeable avant d'être, détachées de l'ensemble, et qui ont acquis une valeur positive en s'isolant, contractent une valeur idéale et sans limites quand on prétend les réunir de nouveau. Un arpent de terre valait 100 écus dans une propriété de 200 arpens, il vaut 1,000 fr. pour le paysan qui n'en possède qu'un seul. Qu'un propriétaire voisin le marchande dans cet état, il ne l'obtiendra plus à moins de payer la terre deux ou trois fois ce qu'elle a été vendue. Si vous ne possédez pas, vous pouvez acquérir ; dès que vous avez quelques toises au soleil, et que vous voulez vous étendre, les obstacles se multiplient de tous côtés. Dans l'état actuel de la France, la richesse individuelle, même avec le secours de la persévérance et du temps, n'est pas moins impuissante que la loi pour élargir les bases de la propriété.

Il y a plus : les grands domaines, qui avaient échappé à cette dissection de la propriété, sont morcelés à leur tour par la culture. On distribue la terre par petits lots pour l'affermer aussi bien que pour la vendre ; et le possesseur en retire le même avantage dans les deux cas. Les paysans, quand ils ne peuvent pas devenir propriétaires, veulent du moins posséder en qualité de fermiers ; là où un fermier, qui a des capitaux et qui présente de véritables garanties, offrira 30 francs de rente par arpent, les petits cultivateurs en donnent 40 sans hésiter. Le maître du sol, de son côté, ne considère pas dans quel état la terre lui sera rendue, améliorée ou épuisée, ni si les fermiers prennent des engagemens qu'ils puissent tenir ; il ne voit que l'augmentation du fermage et la valeur factice qu'en recevra la propriété. Les notaires favorisent ces arrangemens, parce qu'au lieu d'un bail, ils en font vingt, et que le revenu de leur charge s'accroît d'autant. Ainsi les grandes fermes sont aujourd'hui encore plus clairsemées sur le territoire que les grands domaines ; la Beauce elle-même, cette vaste plaine de blé aux portes de la capitale, où la charrue du fermier pouvait sillonner cent cinquante à deux cents arpens sans rencontrer les limites de l'exploitation, qui figurait comme un champ d'expériences, où toute découverte de la science, à peine connue, était mise aussitôt à l'essai, se hérisse maintenant de cultivateurs en détail, race ignorante et prolifique comme les paysans de l'Irlande. D'une ferme, on en fait vingt, où la production n'aura pour excitant que la misère et ne la soulagera certainement point.

Nous avons énuméré les causes sous l'influence desquelles la propriété se divise et se subdivise en France depuis quarante ans. A quel degré est arrivé aujourd'hui le morcellement, voilà ce qu'il importe de constater.

Il résulte d'un document produit par M. de Villèle, à la chambre des pairs, en 1826, que, de 1815 à 1825, en dix années, le nombre des cotes au-dessus de 1000 francs s'était réduit d'un tiers, celui des cotes au-dessus de 500 francs, d'un quart, et d'un cinquième celui des cotes de 100 à 500 francs d'impôt. Dans le même intervalle, les cotes au-dessous de 20 francs, le dernier degré de l'échelle de la richesse, s'augmentaient de plus d'un septième. En 1827, il n'y avait plus en France que 40,000 électeurs payant 500 francs de contributions.

Prenons les faits dans toute leur généralité. En 1815, l'on comptait 10,000,000 de cotes foncières, et 10,896,682 en 1833. En dix-huit ans, le nombre des contribuables s'était accru d'un douzième par le morcellement des fortunes. Le mouvement est rapide, comme on voit ; où s'arrêtera-t-il maintenant ?

Les Docurnens statistiques publiés par le ministre du commerce, font connaître, d'après le cadastre ; la division actuelle des propriétés. La contenance des terres imposables et par conséquent productives est de 49,363,609 hectares [4] répartis en 10,896,682 cotes [5] qui comprennent 123,360,338 parcelles. Ainsi chaque cote représente, terme moyen, 12 parcelles, et chaque parcelle, environ 40 ares. Non-seulement le nombre des propriétaires est infini, mais chacun d'eux ne possède que des fragmens de propriété dispersés et séparés fréquemment par de longues distances ; il ne peut apporter dans la culture aucune économie de temps ni d'efforts.

La statistique ministérielle ne fournit que des moyennes d'après lesquelles il serait difficile de calculer l'excès du morcellement. Comment distinguer en effet, dans ce bloc de chiffres, les propriétés qui paient 5 centimes d'impôt, de celles qui sont taxées à 5000 francs ? Nous citerons en exemple quelques cas particuliers empruntés à différens lieux ; on jugera des autres par induction.

Ouvrons les Petites Affiches, ces archives où sont déposés les secrets de la propriété. Voici d'abord quatre lots de terre situés dans le département de la Seine, et vendus pour être englobés dans le périmètre des forts détachés ; le premier contient 6 ares 40 centiares, le second 8 ares 54 centiares, le troisième 8 ares 54 centiares et le quatrième 9 ares 71 centiares. Tous ensemble, ils n'égalent pas le tiers d'un hectare

Rien n'est curieux comme la description de ces domaines ; on a trouvé le moyen d'y varier la culture et de récolter toute espèce de produits sur un espace de quelques pieds carrés. « Cette pièce de terre, dit le procès-verbal des Petites Affiches (il s'agit de 17 ares) est de forme longue régulière, divisée en deux parties, plantée en vigne à ses deux extrémités, nord et midi. » C'est bien là, comme on voit, le royaume du propriétaire, et il en fait valoir les agrémens pour l'achalander.

Ce domaine de 17 ares se trouve compris dans une vente de 15 lots dont il forme le plus important. Les autres ont, en moyenne, 4 à 5 ares d'étendue

; dans le nombre on distingue un lot de 2 ares 13 centiares, un second de 1 are 71 centiares, un troisième de 1 are 37 centiares, et un quatrième de 1 are 2 centiares. Le plus petit contient encore des groseillers, un cerisier et un noyer ; dans les environs de Paris, ce lopin de terre représente une valeur de 60 francs ; cependant le paysan qui le possède en est probablement bien fier.

Transportons-nous dans le département de l'Aisne ; on vend l'héritage d'un mineur et, suivant le principe reçu, on le divise pour en tirer meilleur parti. Il en est fait 34 lots [6], depuis une valeur de 6 francs jusqu'à une valeur de 800 ; et dans certains case le vendeur stipule que les lots ne pourront pas être réunis !

Voici maintenant vingt-huit pièces de terre labourable situées dans le canton de Magny et dans le département de Seine-et-Oise ici l'égalité est plus grande ; c'est la loi agraire pratiquée dans le domaine des infiniment petits.

Lot	Ares	Centiares	Mise à prix	Lots	Ares	Centiares	Mise à prix
1	12	77	120 fr	15	2	30	81
2	6	38	188	16	3	19	112
3	9	19	198	17	7	66	135
4	3	19	70	18	6	38	131
5	12	77	84	19	5	36	70
6	12	77	94	20	7	66	270
7	4	60	20	21	1	53	42
8	6	38	112	22	1	53	21
9	12	77	14	23	12	77	8
10	12	77	210	24	12	77	75
11	12	77	206	25	12	77	37
12	12	77	112	26	5	62	100
13	14	30	63	27	12	77	188
14	6	60	81	28	5	62	106

Ainsi une propriété de 2 hectares 75 ares et 98 centiares, estimée 2,948 fr., est divisée en vingt-huit lots. Le mode de vente doublera la somme ; on a compté sur la concurrence des acheteurs au détail.

C'est surtout dans le département de la Somme et du Pas-de-Calais que ce procédé de dissection prévaut généralement dans la vente des héritages. Nous avons sous les yeux les affiches d'une grande propriété, le château et terres d'Annezins, située dans l'arrondissement de Béthune. Les gens de loi ont divisé ce domaine en cinquante-quatre lots ! Ceci est la première opération, la division ; les paysans qui ont acheté les lots subdiviseront ensuite la terre, pour la revendre. C'est dans l'ordre, les petits spéculateurs trouvent toujours à glaner après les gros.

Le chemin de fer de Saint-Germain, à partir du mur d'enceinte de Paris, parcourt une étendue de 17,806 mètres. Dans ce parcours d'environ quatre lieues et demie, il rencontre trois propriétés importantes ; et dans le nombre, les bois du Vésinet qui dépendent de la liste civile, sur un espace de 3,858 mètres, près d'une lieue. Si l'on retranche ces trois propriétés de la longueur totale, il reste un parcours de 13,948 mètres, qui, réparti, entre 1502 parcelles on entre 998 propriétaires, représente moyennement, sur une distance de 1,000 mètres, 147 parcelles ou 72 propriétaires [7]. Voilà donc une compagnie qui, pour installer un travail d'utilité publique, a dû composer ou plaider avec un millier d'opposans sur une étendue de trois lieues. Que d'obstacles à vaincre, que de dégoûts à surmonter ! Tous ces petits propriétaires n'ont qu'une demi-éducation, et comprennent même assez peu leurs véritables intérêts ; ils sont incapables de calculer la plus-value qu'une communication nouvelle et rapide doit ajouter au reste de leur propriété. Ainsi le morcellement du sol crée une formidable résistance aux progrès de l'industrie en France ; il faut qu'elle s'avance, comme les pionniers en Amérique, cultivant d'une main et combattant de l'autre, sans compter que le sol tremble souvent.

La superficie moyenne de chaque parcelle que le chemin rencontre se subdivise ainsi par commune :

Hectares, Ares.
Batignolles » 35
Clichy 4,28
Asnières. » 62
Colombes » 4
Nanterre. » 7
Rueil » 12
Chatou. » 5

Le morcellement n'est pas ici la conséquence du prix élevé des terres ; car les communes les plus voisines de Paris, les Batignolles et Clichy, où le terrain a le plus de valeur, sont aussi celles où la propriété a le plus d'étendue. Tandis que, dans les communes de Colombes, de Nanterre et de Chatou, où les parcelles n'ont en moyenne qu'une superficie de 4, 7 et 5 ares, le sol n'est qu'un sable mêlé de cailloux peu susceptible de culture et qui donne un revenu insignifiant. Sans la proximité de la capitale qui multiplie les bâtimens d'habitation, ces terres ne vaudraient pas 1,000 fr. l'hectare ; la compagnie les a payées, en moyenne, 2,700 francs. Quatre ares, à 27 fr. l'are, représentent donc 108 fr. Ne voilà-t-il pas une belle propriété, qui paierait à peine les journées d'un ouvrier pendant un mois !

Les faits que l'on vient de passer en revue ne sont point particuliers aux départemens qui environnent Paris. Toutes les parties du territoire pourraient donner lieu aux mêmes observations. Dans le département du Var, frontière du Piémont, le cens exigé pour les élections municipales descend jusqu'à 15 centimes ; ce qui suppose un revenu de 2 francs et un capital de 60 à 80 fr. Dans le plus grand nombre des communes qui ont moins de cinq cents habitants, la moyenne du cens municipal est [8] de 2 fr. 75 cent. Or, si la moyenne ne représente pas une valeur plus élevée, que sera-ce des cotes inférieures qui comprennent la masse des possesseurs du sol ?

Si l'on veut voir le type du morcellement, la division des propriétés poussée aussi loin que l'esprit peut la concevoir, il ne faut pas sortir de la banlieue de Paris. La commune d'Argenteuil, située sur les bords de la Seine, à trois lieues de la capitale, est la perfection idéale du système. Les plus audacieux niveleurs n'ont jamais imaginé d'hypothèse qui allât aussi loin que cette réalité.

Dans toute l'étendue de la commune, on n'aperçoit pas une seule ferme, et la charrue n'y pénètre point. Les habitans sont groupés dans la ville d'où ils sortent le matin, la bêche sur l'épaule, pour cultiver un morceau de terre planté en vignes, en asperges ou en pommes de terre. Les champs, vus à distance, figurent une robe à mille raies. Chaque pièce de terre est comme un ruban étroit, dont l'ombre d'un figuier couvre souvent toute la largeur. Çà et là vous distinguez un carré de choux entouré de pieux, au milieu des vignes ; c'est une enclave qui s'oppose à la réunion de plusieurs parcelles, et que le propriétaire refuse de céder. Du reste, point de sentiers de communication entre toutes ces propriétés ; ce serait un espace perdu pour la culture. Les propriétaires préfèrent supporter d'innombrables servitudes de passage, autant qu'ils ont de voisins.

La commune, non compris la ville, a 1,550 hectares de superficie. Ces 1,550 hectares sont divisés en 38,835 parcelles, ce qui donne une moyenne de 4 ares par parcelle. Mais la division va bien plus loin. Il n'y a pas dans tout le territoire communal, six pièces d'un arpent (34 ares). Les plus étendues représentent à peu près la dixième partie d'un hectare ; et quant aux moindres atomes parcellaires, voici quelques chiffres relevés sur le registre cadastral.

Numéro de la parcelle	Contenance. Centiares	Revenu. Centimes
492	70	62
491	40	21
1525	25	»
1526	45	9
1561	70	6
2534	62	32

Une parcelle, qui produit 5 centimes de revenu net, et qui représente un capital de 1 f. 50 centimes ou de 1 f., est imposée probablement à 1 centime. Mais les frais de l'avertissement que l'on envoie à chaque contribuable, au commencement de l'année financière, s'élèvent à 5 centimes ; ainsi l'impôt absorbe plus que le revenu d'une pareille propriété.

Quand la propriété est arrivée à cet état de morcellement, elle se trouve frappée d'immobilité ; elle ne peut plus rentrer dans la circulation ni par les ventes ni par les successions, tous ces changemens entraînant des frais qui en absorberaient la valeur. Cependant comme les mutations de la propriété sont des nécessités sociales, qui ne sauraient demeurer interrompues sans interruption de la société elle-même, les contrats se font encore ; mais ils se font en dehors de la loi, c'est-à-dire sans aucun de ces moyens de certitude et d'authenticité qui en sont la garantie. La propriété retombe dans l'état sauvage, et n'a plus d'autre titre que la bonne foi.

Les frais de mutation sont considérables en France. Pour ne parler que des contrats de vente, ils se composent des droits d'enregistrement perçus à raison de cinq pour cent du prix d'acquisition, des dépenses de l'acte notarié, de la transcription au registre des hypothèques et de la purge d'hypothèques, autant de formalités nécessaires à la sécurité de la possession. Outre ces frais qui sont à la charge de l'acquéreur, la position particulière du vendeur l'oblige souvent, s'il est mineur, par exemple, ou en puissance de mari, ou s'il est possesseur en commun avec d'autres propriétaires, à faire divers actes pour obtenir la faculté légale de disposer de son bien.

L'are de terre vaut communément 40 à 50 fr, dans les environs de Paris. Supposez une pièce de terre de la contenance de 4 ares, la moyenne des parcelles dans la commune d'Argenteuil. Elle est vendue 200 francs. Voici les frais qu'entraîne légalement la mutation : 1° enregistrement, 12 fr. 10 centimes ; 2° honoraires du notaire, papier timbré, etc., 11 fr. 50 centimes ; 3° transcription au greffe des hypothèques, 19 fr. ; 4° purge d'hypothèques, 80 fr. ; total 132 francs 60 centimes. De plus, si la terre est vendue par une veuve qui soit propriétaire en commun avec un mineur, il faudra que celui-ci ratifie, et l'acte de ratification coûte 12 francs ; si c'est un mari qui vend le bien de sa femme, celle-ci devra donner une procuration en minute qui coûte encore 12 francs ; et la nécessité de tous ces actes est la même, soit que l'on achète une parcelle de vingt-cinq centiares et d'une valeur de 10 à 12 francs, soit que l'on acquière un domaine de cinq cents hectares, au prix d'un million de fr. Il n'y a que les droits d'enregistrement qui soient proportionnels à la valeur de l'acquisition.

Pendant long-temps, la transmission des propriétés ne s'est faite, dans la commune d'Argenteuil, que par des conventions verbales ou par des actes sous seing privé [9]. On partageait ainsi à l'amiable les héritages, et on les vendait de même. Puis, le nouveau propriétaire provoquait la substitution de son nom à celui de l'ancien, sur la matrice des contributions ; et, dans son ignorance, il croyait être désormais possesseur incommutable du sol. Hâtons-nous de remarquer que, dans une commune habitée par quelques milliers d'individus et où les affaires de chacun étaient connues de tous, le vendeur aurait eu de la peine à tromper l'acquéreur, quand il l'eût voulu.

Les choses allaient ainsi, lorsqu'un receveur de l'enregistrement, envoyé depuis peu dans le pays, découvrit ces habitudes établies en fraude de la loi et au préjudice du trésor. C'était sous la Restauration, à une époque où le pouvoir ne demandait pas mieux que de faire rendre gorge aux vilains que la révolution avait enrichis. Un fonctionnaire entreprenant qui proposait d'exercer des répétitions sur tous les acquéreurs de biens fonds depuis quinze à vingt ans, devait être bien accueilli du ministre. Le receveur fut autorisé à dresser un tableau de ces contraventions. Mais avant qu'il l'eût terminé, les habitans de la commune, soulevés, l'assaillaient à coups de pierre, et le chassaient de l'endroit.

Une sorte de transaction s'est opérée par la suite. L'administration a eu la prudence de fermer les yeux sur les faits accomplis ; les habitans de leur côté se mettent désormais en règle avec le fisc. Toutes les mutations se font par l'entremise du notaire, et acquittent les droits d'enregistrement. Quant aux formalités hypothécaires, on les omet constamment ; c'est une garantie trop dispendieuse pour des propriétés d'une aussi faible valeur. De cette manière la loi est respectée, mais la propriété n'est pas mieux assise, L'acquéreur, s'il a affaire à un vendeur de mauvaise foi, peut se voir encore dépossédé ; il faut une possession non interrompue pendant trente ans pour lui donner une entière sécurité.

Le morcellement paraît s'arrêter dans la commune d'Argenteuil, parce qu'il y est arrivé à son dernier terme. La population demeure stationnaire, parce que le sol, réduit en poussière, ne peut plus se diviser ; le nombre des habitans est de 1500 depuis vingt ans. Ce sont des gens laborieux et riches de leur industrie. Ce terrain sablonneux est fécondé par leurs sueurs ; ils vont ramasser la boue dans les rues de Paris pour la mêler au sable de leurs vignes. Toutes les figues qui se vendent pour les tables de la capitale mûrissent sur leurs coteaux. Chaque année 50 à 60,000 pièces de vin sortent de la commune pour alimenter la consommation aux barrières de la grande ville. Le plâtre qu'ils tirent de leurs carrières est exporté à Londres et à New-York. Chaque famille possède 1 ou 2 arpens de terre en 20 ou 30 parcelles situées à diverses expositions, et cultive en outre un arpent pris à loyer. Ils sont vignerons, plâtriers, charretiers, journaliers, revendeurs, suivant le jour ou la saison, car le travail chez eux ne chôme jamais. L'aisance dont jouissent les habitans d'Argenteuil ne vient donc pas uniquement de la division de la propriété ; elle tient encore à des circonstances qui se rencontrent rarement ailleurs, et surtout à la multiplicité des sources du travail.

Supposez que ces propriétaires de quelques parcelles du sol ne trouvent ni terres à affermer, ni industrie à exploiter, ils seront réduits à mendier. C'est la situation des villageois de Crosville, dans le département de l'Eure. Ceux-ci possèdent peu de chose, la propriété étant extrêmement divisée, et les terres autour du village appartenant aux habitans du Neufbourg qui les cultivent eux-mêmes. Aussi la mendicité, qui n'était d'abord pour les plus malheureux qu'une ressource extrême, est-elle devenue, à quelques exceptions près, l'industrie commune du lieu. Ils forment aujourd'hui une espèce de république mendiante, qui vit à la façon des tribus bohémiennes, excepté que chacun y a feu et lieu. Le mariage, par exemple, n'existe pas dans cette communauté ; ils le proscrivent et s'abandonnent à la promiscuité des relations fortuites. Il en naît une pépinière d'enfans qui sont dressés de bonne heure à mendier, et servent de pourvoyeurs à la colonie. Quiconque s'affranchit de la coutume et se marie, est passé par les bâtons, en expiation de cette infidélité. Ils ont bien senti que le mariage attachait l'homme au domicile, et qu'une vie errante était nécessairement une vie de débauche.

Nous connaissons peu d'exemples aussi repoussans en France ; mais il est certain que l'extrême division de la propriété y doit produire, avec le temps, les mêmes effets que produit en Irlande une trop grande concentration ; la misère devient le partage du peuple dans l'un et l'autre cas.

Ce n'est pas tant la division de la propriété qui est un mal ; c'est bien plutôt le morcellement du sol. Plus il y a de propriétaires dans un état constitué en démocratie comme la France, et plus l'ordre a de garanties. Le partage des grands domaines entre les multitudes du tiers-état, dans les premières années de la révolution française, lui a donné peut-être les citoyens qui lui manquaient. Le droit nouveau a pris ainsi racine dans le sol. Les bonnes mœurs se sont répandues et consolidées ; car la morale est une nécessité entre gens qui possèdent. Et si la moralité des laboureurs, dans les campagnes, est supérieure à la moralité des ouvriers dans les villes, cela vient en grande partie de ce que ceux-ci, sont encore exclus de la propriété.

Dans un pays de petits capitaux comme la France, la division des propriétés était d'ailleurs une nécessité. Elle devait améliorer la culture ; car les terres que le seigneur féodal ne pouvait pas fertiliser, faute d'argent, et qu'il abandonnait à la routine insouciante des fermiers, chaque possesseur, dans cette distribution, en a couvert une parcelle de son corps, et l'a pénétrée, pour ainsi dire, de sa chaleur.

Il est possible que la petite culture produise autant que la grande ; le procès du moins entre les deux systèmes n'est pas vidé. Mais la grande culture économise nécessairement le temps et le travail. 6,000,000 d'hommes cultivent ainsi l'Angleterre et le pays de Galles, et il est difficile de croire que la France, avec un meilleur aménagement des terres, eût besoin des 25,000,000 de laboureurs qu'elle emploie au travail des champs. La charrue a été la première machine inventée pour abréger la peine de l'homme ; or quel avantage peut-on trouver dans une culture qui exclut l'emploi des machines, et parmi celles-ci, la charrue ? N'est-ce pas remonter à l'enfance de l'art ?

La petite culture a des avantages, elle est même une nécessité dans certains cas. Nous savons ce que peut rendre un hectare de terre, cultivé selon la méthode usitée en Flandre. Mais le système d'agriculture jardinage donnerait-il les mêmes profits, si tout le monde le pratiquait ? L'on ne vit pas uniquement de légumes et de fruits, et la terre ne saurait être convertie tout entière en jardins. Il faut des champs de blé pour nourrir les hommes, ainsi que des pâturages pour élever les bestiaux. Depuis l'application de la chimie à l'industrie agricole, une ferme est une sorte de manufacture qui exige un grand déploiement de capitaux et qui embrasse une grande variété de produits. L'économie de l'exploitation tient à cette réunion d'élémens divers, qui concourent au même résultat. Brisez le faisceau, morcelez la culture, et vous annulez l'économie. Le petit cultivateur, qui exploite des terres labourables avec un faible capital et des instrumens inférieurs, n'est pas plus en mesure de lutter contre le fermier qui a des capitaux, des engrais, des machines, des transports et des débouchés toujours ouverts, que celui-ci de soutenir la concurrence des possesseurs de terres à blé en Pologne et en Crimée, où l'on se sert des hommes comme nous nous servons des animaux.

S'il est impossible de recomposer en France la grande propriété, les mêmes obstacles s'opposent-ils à ce que l'on combine la petite propriété avec la grande culture ? N'est-il pas possible de remplacer les grands domaines par les grandes et par les moyennes fermes, de diviser la possession et de concentrer l'exploitation, de morceler la propriété sans morceler le sol ? Nous croyons que cette solution sortira naturellement des progrès de l'instruction, de l'industrie et de la richesse dans le pays.

Nous avons expliqué la défiance des paysans et généralement des classes agricoles pour toute propriété qui n'est pas assise sur un fonds de terre. Il nous reste à dire que si les petits capitaux recherchent les placemens sur immeubles, cela vient en grande partie de ce qu'ils auraient de la peine à trouver un autre emploi. La richesse industrielle et mobilière, malgré ses accroissemens récent, n'occupe encore qu'un rang bien secondaire dans l'échelle des propriétés.

L'Angleterre est couverte de banques, de manufactures, d'usines et de comptoirs ; sa dette publique représente un capital de 20 milliards de fr. (800 millions de liv. st.) le commerce et l'industrie ont créé dans cette contrée des valeurs infiniment supérieures à celle du sol. Là, l'épargne de l'ouvrier commandite à son tour le travail. Une infinité de placemens sont ouverts aux capitaux inactifs ; et si de tels débouchés étaient insuffisans, on aurait encore la ressource des placemens sur les fonds étrangers dont Londres est le marché commun.

Il n'existe rien de pareil en France. Les fonds publics, se composant à peine de 200 millions de rentes (8 millions de liv. st.), ne sont guère accessibles qu'aux capitaux de la place de Paris, qui alimentent également la dette flottante et les opérations sur les fonds étrangers. Les épargnes des ouvriers, converties par les caisses (saving-banks) en bons du trésor, ne s'élèvent qu'à 80 millions de francs (3,200,000 liv. steri), et surchargent déjà l'état. La banque de France, industrie toute parisienne, n'a fondé que deux comptoirs (branch-banks), l'un à Saint-Etienne et l'autre à Troyes. On compte à peine 5 à 6 banques locales dans les 86 départemens. Partout les capitaux des villes suffisent aux opérations peu étendues du commerce et de l'industrie. Que feraient donc les cultivateurs de leurs capitaux, s'ils n'avaient pas la faculté d'acquérir de la terre ? Quel autre placement leur est offert dans l'état actuel des transactions ?

L'industrie et le crédit, en s'étendant, finiront sans doute par gagner les campagnes. Mais ce ne sera pas assez de l'accroissement des valeurs mobilières ; le paysan les aurait sous les yeux qu'il ne les verrait pas. Il faut l'instruire d'abord et l'éclairer pour qu'il s'élève lui-même à cette conception ; avant de prendre des actions dans une mine, dans une filature, dans une entreprise de canal ou de chemin de fer, il faut qu'il soit au moins en état de lire le compte-rendu des opérations.

L'éducation nationale devra vaincre encore ces habitudes d'isolement qui portent la population des campagnes à l'égoïsme et à l'envie. Il faudra leur apprendre que les propriétés, comme les hommes, n'acquièrent toute leur valeur que par l'association, et que leur intérêt n'est pas de séparer ni de diviser, mais de réunir.

Le jour où les paysans seront en état de comparer le revenu des placemens industriels ou commerciaux au revenu des fonds de terre, dès ce moment la division de la propriété foncière s'arrêtera ; car la concurrence des capitaux prendra une autre direction. Mais que fera-t-on des terres déjà divisées ?

Dans certains cantons de la France, les paysans, propriétaires de parcelles plus ou moins étendues, les afferment à quelque grand propriétaire ou à quelque fermier pour être comprises dans l'exploitation ; ils travaillent ensuite à la culture de ces mêmes terres comme journaliers salariés. Ainsi leur profit est double ; ils ont la rente de la terre et la rente du travail. Le sol, soumis à un meilleur système de culture, s'améliore ; et la somme de richesse s'augmente pour tous.

Il est évident que ces faits, particuliers encore à quelques localités, doivent se généraliser. Lorsque les cultivateurs qui possèdent deux ou trois arpens s'apercevront que la petite culture est ruineuse, ils loueront leurs terres aux grands fermiers ou les vendront. Il en sera probablement de la terre comme du pouvoir. Quand l'aristocratie fut renversée par la révolution de 1789, le peuple envahit à grand bruit la place qu'elle avait laissée vide ; puis le gouvernement lui tomba des mains, inhabile qu'il était à le porter ; la classe moyenne s'en empara et l'a gardé. Le même phénomène se reproduit dans la possession du sol ; il se divise et se subdivise incessamment depuis quarante ans ; mais quand ces atomes, à force de se briser, auront perdu toute vigueur et toute fécondité, il faudra les lier et les cimenter de nouveau. Alors la moyenne culture, sinon la moyenne propriété, doit succéder au morcellement : la bourgeoisie a le pouvoir, elle aura le sol.

Le meilleur système de culture en France sera certainement celui qui établira une proportion exacte entre l'étendue des terres possédées ou cultivées, et la surveillance du possesseur ou du fermier. Une ferme ne doit pas avoir moins de trente hectares ni plus de cent. Cette étendue d'exploitation n'exige pas un capital considérable et permet de tenter les expériences nécessaires à l'amélioration du sol, de combiner la culture des céréales avec l'éducation des bestiaux, d'annexer même quelquefois à la ferme une industrie comme la fabrication de la fécule, ou la mouture du blé, ou l'élève des vers à soie. Elle n'est pas assez vaste pour écarter la concurrence des preneurs, quand il s'agit d'adjuger le bail ; et elle a pourtant une mesure suffisante pour que l'on retrouve sur les produits le prix du fermage et le salaire du fermier.

Pendant que le morcellement s'arrêtera dans la petite propriété, il va se faire une nouvelle distribution des grands héritages, qui divisera la propriété foncière sans diviser le sol. Pour mettre la terre en valeur, on emploiera les procédés familiers à l'industrie manufacturière ; on s'associera pour exploiter un domaine, comme l'on s'associe pour exploiter une mine, une forge, une entreprise de bateaux à vapeur. Déjà le petit nombre de fermes expérimentales qui existent en France, ont été établies par des sociétés en commandite [10], où la propriété se trouve représentée par un certain nombre d'actions. Mais, si nous avons bien apprécié les symptômes du mouvement qui se prépare, le principe d'association ne tardera pas à être appliqué, d'une manière plus générale et sur une plus large échelle, à l'exploitation du sol.

C'est le parti légitimiste, composé, comme chacun sait, de grands propriétaires, qui donne l'exemple. Les hommes du passé, ceux qui prétendent immobiliser l'état social, sont les premiers à mobiliser le sol. Nous avons sous les yeux le prospectus d'une société en commandite, formée pour mettre en valeur la terre de Beauni-Saint-Hippolyte, située à 24 heures de Paris. C'est un immense domaine qui comprend 3,550 arpens (environ 3,000 acres), distribués entre trente et une fermes, et dans le nombre 1200 arpens de bois. On a divisé la propriété en 4,000 actions de 4,000 fr. chacune, ce qui donne un capital de deux millions de francs. Le prospectus évalue le revenu annuel à 150,000 fr., ce qui suppose 7 1/2 pour cent du capital ; et pour réaliser cette magnifique expectative, on compte : 1° sur le revenu de 3,600 arpens, à raison de 30 francs l'arpent ; 2° sur le produit de 30,000 mûriers, de trois moulins, d'une féculerie, d'une tuilerie, d'un four à chaux, d'une carrière à pierre, de nombreux troupeaux ; 3° on se propose de cultiver en grand les plantes oléagineuses et la betterave, cette plante maudite comme la nomme le docteur Bowring, mais qui est en France une source de richesse pour le cultivateur.

Certes, ce sont là des promesses de prospectus. Mais quand l'entreprise n'en tiendrait qu'une partie, quand le capital ainsi engagé ne produirait que 4 ou 5 pour cent, ces résultats seraient assez beaux pour encourager l'imitation. Les propriétés foncières, dans leur aménagement actuel, ne rapportent, terme moyen, que 2 1/2 à 3 pour cent. Un mode d'exploitation qui donnerait un revenu d'un tiers en sus, les placerait sur le même rang que la propriété manufacturière qui est moins solide et plus exposée. Tout le monde y gagnerait : les propriétaires pourraient désormais disposer de leurs domaines, sans les disséquer et sans en détruire les proportions ; les capitalistes, en échangeant leurs espèces contre des actions foncières, acquerraient des valeurs réalisables et qui auraient un cours certain sur le marché.

Aujourd'hui les possesseurs de terres qui veulent cultiver eux-mêmes et qui manquent des capitaux nécessaires pour exploiter convenablement les ressources du sol, sont réduits pour trouver des prêteurs à donner hypothèque sur leur propriété. La terre ne leur rapporte que 3 -pour cent, et ils paient pour les capitaux empruntés un intérêt de 5, 6, et quelquefois 7 pour cent. Qu'une année mauvaise survienne, que la grêle, la pluie, la sécheresse ou le froid emporte la récolte ; voilà l'emprunteur ruiné, hors d'état de faire honneur à ces engagemens onéreux. Le prêteur, de son côté, n'a pas des chances meilleures : d'abord l'hypothèque qu'il a prise sur les biens du débiteur est souvent illusoire, ceux-ci pouvant se trouver déjà grevés de quelque hypothèque légale [11] qu'on lui a laissé ignorer, et qui a la priorité en cas de remboursement de la créance par voie d'expropriation. Ensuite, et en supposant que l'hypothèque confère au créancier un droit utile, les difficultés et les formalités de l'expropriation sont salas nombre. De là les répugnances bien légitimes que l'on éprouve à placer des fonds sur hypothèque, malgré l'intérêt élevé et presque usuraire dont jouissent de tels placemens. C'est, à vrai dire, les frapper de main-morte et les immobiliser.

Une réforme de la législation qui régit en France le système hypothécaire établirait peut-être la propriété immobilière dans de meilleures conditions de crédit. Toutefois, le système des placemens par actions nous paraît encore préférable. Le gage est le même dans les deux cas, la terre représentant le capital engagé ; mais il y a entre l'hypothèque et l'action foncière toute la distance d'une valeur disponible à une valeur à terme et à long terme celle-ci est un fonds mobile à la fois et consolidé, comme les emprunts hypothéqués sur telle ou telle branche des revenus publics.

Les emprunts faits par l'état, quand ils n'excèdent pas la mesure de ses ressources, ont l'avantage d'attacher plus étroitement les intérêts privés à l'intérêt général, et de resserrer la solidarité des citoyens avec le gouvernement. La dette publique est une espèce de délégation donnée à des particuliers sur l'es produits de l'impôt ; elle crée une classe de propriétaires, et une nature spéciale de propriété.

Dans l'ordre du revenu privé, la mise en société des grands domaines n'aurait pas des résultats moins avantageux. En divisant la propriété territoriale en actions, et en actions dont le taux serait accessible aux plus petites fortunes, l'on multiplierait sans inconvénient le nombre des propriétaires fonciers ; carda division de la propriété n'entraînerait plus le morcellement du sol. Les titres se distribueraient entre mille possesseurs, ou se concentreraient dans trois ou quatre gros portefeuilles, que rien ne serait changé à l'harmonie de l'exploitation.

Les simples laboureurs pourraient échanger leurs épargnes contre une ou plusieurs actions et prendre part à la possession ainsi qu'au travail. Quoi de plus vrai et de plus solide en même temps qu'une combinaison qui fait des employés d'une entreprise autant d'intéressés aux bénéfices de la production ? dans ce système il n'y a plus deux classes d'hommes, les maîtres et les ouvriers ; tout le monde travaille et tout le monde possède : chacun a part, dans la proportion de sa mise de fonds, au revenu du capital, et à la distribution des salaires dans la proportion de sa capacité. N'est-ce pas là la seule égalité possible dans l'industrie aussi bien que dans l'état ?

Ce que l'on faisait autrefois par l'énergie de l'esprit de famille, par la puissance des convictions religieuses ou par la dépendance étroite du lien féodal, nous ne pouvons plus l'accomplir que par la communauté des intérêts. On a remarqué que le travail des hommes libres était plus productif que celui des esclaves ; mais le mercenaire libre lui-même ne travaille pas avec la même ardeur que l'ouvrier qui a un intérêt dans les profits du travail : la seule manière d'attacher l'artisan au métier et le laboureur à la glèbe, c'est de les associer à la propriété.

Le principe de la société en commandite n'a été appliqué jusqu'ici qu'à la propriété mobilière. La propriété foncière se tenait en dehors des combinaisons qui.ont développé le commerce et l'industrie. Maintenant que l'agriculture devient aussi une industrie, elle ne pourra, pas plus que les autres, se passer de la force que donne l'association. Nous avons cité un exemple de cette tendance, le seul qui soit encore public ; mais d'autres entreprises se préparent, une idée comme celle-là ne doit pas rester en chemin.

Une communauté industrielle, fondée sur ces principes d'association, existait encore, il y a quinze ans, dans les montagnes de la Thessalie. Une peuplade de fileurs et de teinturiers était arrivée, par le seul effort de cet instinct calculateur qui est propre à la race grecque, aux mêmes résultats qui sont pour nous aujourd'hui des inductions de la science. Les habitans d'Ambelakia, bourg de quatre mille ames, distribué en vingt-quatre fabriques, avaient organisé la république commerciale que M. Félix de

Beaujour [12] décrit dans les termes suivans.

« Les comptoirs d'Ambelakia furent régis, dans le principe, par des sociétés qui avaient chacune leurs intérêts particuliers. Mais ces sociétés se nuisant par la concurrence, on imagina de les réunir toutes pour n'en former plus qu'une seule. Le plan d'une grande commandite fut conçu, il y a vingt ans, et un an après, il fut exécuté. Les réglemens qu'on donna à la compagnie furent rédigés par des gens sages. Chaque propriétaire ou chef de fabrique put contribuer pour une somme relative à ses moyens. Les moindres mises furent fixées à 5,000 piastres (10,000 fr.), et l'on réduisit les plus fortes à 20,000, pour ne pas laisser aux riches la faculté d'engloutir tous les profits. Les ouvriers réunirent leurs pécules, et ils formèrent entre eux des mises communes qui furent comme de petites commandites incorporées dans la grande. Ces ouvriers, outre leur argent, donnèrent encore leurs peines et leurs soins ; et le salaire de leur travail, joint à celui de leurs capitaux, eut, bientôt répandu l'aisance dans tous les ménages. Les bénéfices du dividende furent réglés à 10 pour cent par an, et l'excédant fut destiné à grossir le capital primitif, qui s'éleva, en deux années, de 600,000 piastres à un million. »

L'union des Ambélakiotes fut troublée par les intrigues du fameux Ali-Pacha ; leur industrie fut ruinée par celle de Manchester. Cette communauté industrielle qui s'était élevée spontanément dans un empire barbare, était comme une oasis de verdure au milieu du désert ; les sables devaient tôt ou tard l'envahir. Mais dans un pays tel que la France, des associations agricoles formées par la réunion des petites propriétés ou par la division des grandes, ne rencontreraient pas les mêmes obstacles. Le mouvement industriel de notre siècle les provoque, un gouvernement libre les protégerait, elles auraient à leur disposition les deux principaux moteurs de l'industrie, la science et les capitaux ; et si elles venaient à échouer au milieu de ces ressources, ce serait uniquement par un vice d'organisation.

(British and Foreign Review [13].

NOTES

[1]A la révolution de juillet, M. Laffitte fit prononcer l'annulation des rentes qui appartenaient encore au fonds commun, et qui représentaient un capital de 200,000,000 fr.

[2]En 4812, Colquhoun comptait déjà en Angleterre cent vingt millions de propriétaires ou rentiers jouissant de plus de 800 liv. sterl. de revenu.

[3]Cela est si vrai, que, lorsqu'on veut vendre en bloc un grand domaine, on cherche des acheteurs en Angleterre, et l'on fait annoncer la vente dans les journaux anglais.

[4]L'hectare, mesure de cent ares ou de dix mille mètres carrés, équivaut à deux acres et demi. L'are contient cent mètres ; le mètre est au yard comme 10 est à 9.

[5]Le nombre des cotes n'indique pas exactement celui des propriétaires. Un peut posséder des terres, et par conséquent être porté au rôle des contributions dans plusieurs arrondissemens.

[6]

Lots	Ares	Centiares	Mise à prix	Lots	Ares	Centiares	Mise à prix
1	13	25	150	18	31	33	275 fr.
2	22	43	200	19	30	28	230
3	10	33	40	20	18	4	120
4	9	44	40	21	10	95	25
5	10	30	100	22	12	55	15
6	65	68	700	23	10	98	70
7	82	40	750	24	15	54	55
8	20	60	150	25	10	30	6
9	61	24	100	26	19	14	180
10	18	80	200	27	2	14	20
11	53	68	750	28	6	8	25
12	93	86	400	29	71	8	400

13 31 16 300 30 24 40 150
14 31 47 250 31 65 « 200
15 21 34 80 32 14 44 150
16 10 30 50 33 14 90 100
17 20 95 70 34 63 72 800

[7]La moyenne générale que nous avons donnée ne s'applique pas d'une manière uniforme à chaque commune sur la ligne du chemin de fer. En déduisant les trois propriétés dont il a été fait mention plus haut, on arrive aux résultats consignés dans le tableau suivant, que nous devons à l'amitié de M. E. Pereire, directeur de la compagnie :

Communes.Longueur du parcours.Quantité de parcelles sur une distance de 1000 mètresNombre de propriétaires sur une distance de 1000 mètres.

Batignolles 1,740 mètres. 50 38

Clichy 1,633 17 13

Asnières 1,475 84 67

Colombes 2,512 155 103

Nanterre 3,968 164 92

Rueil 1,360 105 88

Chatou et le Pec 1,260 93 60

Total 13,948 mètres.

[8]Compte-rendu au roi sur les élections municipales par le ministre de l'intérieur. 1834.

[9]Nous devons à l'obligeance de M. le maire d'Argenteuil la communication d'une de ces pièces. C'est un acte de partage sous seing privé d'une propriété possédée par indivis entre quatre héritiers. Nous la donnons dans toute la naïveté de sa forme incorrecte et de son grimoire populaire.

« Nous soussignés Denis-Jacques Maugis-Gentil, Pierre-Nicolas Naugis, gendre Lescot, et Denis Maugis, gendre l'Évêque, nous consentons et nous adhérons que notre beau-frère Jean-Denis Girardin, à cause de Marie-Angélique Maugis, sa femme, notre sœur, jouira et appartiendra, en toute propriété quelconque, ladite pièce de neuf perches de terre (près de trois ares), lieu dit la Beauface, tenant d'un côté à Jacques Potheron, de l'autre au citoyen Colas, d'un bout sur la voie des Montbruns, d'un bout sur la voie des Bancs ; sans en rien retenir ni réserver, ainsi qu'il a dit bien connaître et en être content. Cette pièce est en jouissance, en toute propriété quelconque, à lui appartenant, pour et en cas que cette pièce lui a été concédée en rapport (apport) de mariage, pour former l'égalité entre les copartageans, à quoi ils renoncent et dont la jouissance a commencé de ce jour, en toute propriété quelconque ; dont et du tout avons signé le présent, bon et valable, ainsi que de raison.

« Le 30 pluviôse an VI de la république française une et indivisible.

« DENIS-JACQUES MAUGIS, DENIS MAUGIS, PIERRE-NICOLAS MAUGIS. »

[10]Les sociétés en commandite sont des entreprises commerciales qui comprennent deux classes d'associés. Les associés en nom sont responsables des dettes de la société dans leur fortune personnelle et dans leur crédit ; ils gèrent les affaires et ont la signature sociale. Les associés commanditaires ne sont responsables que jusqu'à concurrence des fonds qu'ils ont placés dans l'entreprise ; dans aucun cas, on ne peut leur demander davantage, et ils ne font aucun acte de gestion. Dans les sociétés en commandite, le fonds social peut être divisé par actions transmissibles, ou bien demeurer indivis jusqu'à l'expiration de la société.

Les sociétés en commandite sont inconnues en Angleterre. En effet, dans les associations qui portent le nom de Joint stock companies, tous les sociétaires sont responsables dans toute l'étendue de leur fortune ; et dans les associations qui ont été incorporées par une charte émanée du roi ou du parlement, aucun sociétaire, sans excepter les directeurs ni les gérans, n'est responsable au-delà de la valeur représentée par les actions dont il est porteur.

[11]La femme, par exemple, a une hypothèque légale sur les biens du mari pour sûreté de son apport matrimonial.

[12]Tableau du commerce de la Grèce, 1ère partie.

[13]Ce travail, dû à la plume d'un de nos collaborateurs, a été fait pour le British and Foreign Review, et parait concurremment à Londres et dans notre Revue.

www.ingramcontent.com/pod-product-compliance
Lightning Source LLC
Chambersburg PA
CBHW070759180526
45168CB00004B/1673